PANÉGYRIQUE

DE

S. ALPHONSE RODRIGUEZ

FRÈRE COADJUTEUR DE LA COMPAGNIE DE JÉSUS

PRÊCHÉ A LA CATHÉDRALE DE BOURGES

LE 14 DÉCEMBRE 1888

PAR

M. l'Abbé BÉGUINOT

Curé de Notre-Dame-de-Bourges

BOURGES

IMPRIMERIE TARDY-PIGELET

15, RUE JOYEUSE, 15

—

1889

PANÉGYRIQUE

DE

S. ALPHONSE RODRIGUEZ

FRÈRE COADJUTEUR DE LA COMPAGNIE DE JÉSUS

PRÊCHÉ A LA CATHÉDRALE DE BOURGES

LE 14 DÉCEMBRE 1888

PAR

M. l'Abbé BÉGUINOT

Curé de Notre-Dame de Bourges

BOURGES

IMPRIMERIE TARDY-PIGELET

15, RUE JOYEUSE, 15

—

1889

PANÉGYRIQUE

DE

SAINT ALPHONSE RODRIGUEZ

FRÈRE COADJUTEUR DE LA COMPAGNIE DE JÉSUS

PRÊCHÉ A LA CATHÉDRALE DE BOURGES, LE 14 DÉCEMBRE 1888

PAR M. L'ABBÉ BÉGUINOT

Curé de Notre-Dame de Bourges

> *In fide et lænitate ipsius, sanc-*
> *tum fecit illum et elegit eum ex*
> *omni carne... Dedit illi coram le-*
> *gem vitæ et disciplinæ... et glori-*
> *ficavit eum in conspectu regum...*
>
> C'est dans sa foi et sa douceur
> que Dieu l'a sanctifié, il l'a élu
> entre tous et lui a donné la loi
> qui a discipliné sa vie, et il l'a
> glorifié en présence des rois.
> (*Eccl.*, LXV, 4-6.)

MESSEIGNEURS [1],

A l'aurore de ce siècle vieilli, qui maintenant s'incline vers les abîmes tout enveloppé d'incertitude et d'ombres, l'esprit public hésita et se montra profondément divisé dans ses jugements sur l'avenir. Les uns, partisans attardés du philosophisme du XVIIIe siècle, n'ayant rien appris ni rien oublié à l'école des révolutions sanglantes, s'en tenaient au blasphème bien démodé de leur maître : « dans cinquante ans le Christ

---

[1] Mgr Marchal, Archevêque de Bourges. Mgr de Sinope, auxiliaire de Bourges.

verra beau jeu ! » et parlant ainsi, ils croyaient encore
se montrer généreux envers l'opinion vaincue, comp-
tant bien que des évènements imprévus mais désirés,
abrégeraient ces trop longs délais.

Les autres, plus jeunes en général, instruits par les
évènements des quinze dernières années, sentant
bouillonner dans leurs âmes les élans d'une foi vive,
s'écriaient avec le puissant génie autour duquel le
monde vaincu semblait alors graviter : L'avenir !
l'avenir est à nous ! et dans leur pensée cela voulait
dire : L'avenir est au règne de Jésus-Christ et au
triomphe définitif de son Église.

Les uns et les autres n'avaient pas bien médité, il
faut le dire, la parole divine qui résume la vie du
Sauveur et qui est la loi même de l'existence de son
Église ici-bas. « Puisqu'Ils m'ont persécuté, ils
vous persécuteront : *Se me persecuti sunt et vos per-
sequentur*. Dans le monde vous serez opprimés : *In
mundo pressuram habebitis ;* mais ayez confiance, car
j'ai vaincu le monde : *sed confidite, ego vici mundum.* »
(S. Joan., xvi, 33.)

Et nous, placés à l'extrémité de ce siècle qui attend
le jugement de l'histoire et le jugement de Dieu, nous
voyons bien, en effet, que les agressions contre la
vérité ont dépassé toute mesure, mais nous constatons
en même temps, dans la calme sérénité de notre foi,
que c'étaient des prophètes à bien courte vue, ceux
qui présageaient, à bref délai, la chute irrémédiable
du règne de Jésus-Christ et de son Église. Je ne veux
citer, en exemple, que les évènements religieux qui

se sont succédé pendant l'année jubilaire qui s'achève.
Quelle cause plus ouvertement attaquée, plus molle-
ment défendue, plus universellement délaissée que
celle de la Papauté, pendant cette période : *In mundo
pressuram habebitis*. Mais voici, que celui dont la main
vaillante guide la barque de Pierre, après cet autre
qui fut tant aimé, comme le disait naguère une élo-
quente voix que la mort vient de ravir à l'Église de
France[1] ; voici que Léon XIII, le pape des lumières,
portant sur son front la triple auréole de la vertu, de
la science et du malheur, s'adresse à ses fils disper-
sés « J'ai besoin, dit-il, de vous voir, d'entendre vos
paroles, de sentir les battements pressés de vos
cœurs » et l'esprit de Dieu a porté cette invitation du
père commun à toutes les extrémités de la terre, il a
soulevé les multitudes, qui sont accourues vers la cité
désolée, apportant les tributs de leur amour et, dans
une pentecôte nouvelle, on a entendu l'Hosannah de
tous les peuples ébranler les voûtes du temple saint,
consoler les amertumes de l'auguste Captif et frapper
de stupeur ceux qui veillaient à la porte, car ils
voyaient la plénitude de la jeunesse et de la vie, jail-
lir de ce qu'ils pensaient être un tombeau dont on
avait scellé la pierre : *Confidite ego vici mundum !*

Alors Léon XIII s'est écrié : « les assaillants redou-
blent leurs efforts ; je recruterai de nouvelles troupes
pour protéger la place ». Puis il est allé dans la loge
d'un portier de couvent, sur les bancs d'une école,

---

[1] Mgr Besson.

dans la case méprisée des nègres, chercher quelques-uns de ces humbles que le monde ne connaît pas et qu'il dédaigne, Rodriguez, Berchmans, Claver; il les a tirés de leur obscurité volontaire : *de stercore erigens pauperem;* puis il les a élevés parmi les princes du peuple : *ut collocet eum cum principibus* (*Psalm*. CXII, 8) *cum principibus populi sui*, et il les a postés à l'avant-garde, comme des sentinelles invincibles qui, jamais, ne rendront leurs armes. *Confidite ego vici mundum !*

Il fallait dire ces choses, mes Frères, pour expliquer à tant de fidèles qui pourraient l'ignorer, le sens et la portée des fêtes solennelles qui nous rassemblent et ce Triduum de prières en l'honneur des saints Alphonse Rodriguez, Jean Berchmans et Pierre Claver, canonisés au mois de janvier dernier, tous les trois religieux de la Compagnie de Jésus.

Monseigneur, c'est une grande et noble pensée qui vous a fait offrir à ces déshérités, pour célébrer les nouvelles gloires de leur famille religieuse, la royale hospitalité de votre église métropolitaine. Il convenait bien, en effet, que les fêtes imposantes de la basilique vaticane, présidées par Sa Sainteté Léon XIII, eussent leur écho lointain, affaibli, mais vibrant encore, sous les voûtes de cette insigne Métropole et sous la présidence de Votre Grandeur. En agissant de la sorte, Monseigneur, vous comblez de joie ces intrépides soldats de l'Église et c'est pour votre cœur une première et très douce récompense. Vous en obtiendrez une seconde, Messeigneurs, car de même que le grand-

prêtre Mathathias adressa sa prière au Seigneur en faveur de Judas Machabée et de Jonathas son frère, au
nom du peuple d'Israël qu'ils avaient secouru ; ainsi
ils prieront et nous tous avec eux, ils diront avec
Mathathias : « O Seigneur Dieu bon, Dieu très grand,
très miséricordieux, protégez ceux qui ont assisté
Israël dans sa dispersion et qui lui ont tendu la main
quand les gentils le couvraient d'opprobres », et cette
prière montera directement au ciel.

Pour nous, mes Pères, laissez-nous prendre part à
votre allégresse qui est celle de l'Église notre mère.
Vous êtes de ceux qui aiment et pratiquent volontiers
cette parole du Sauveur : « Vous vous trouverez heu-
« reux lorsqu'on vous maudira, lorsqu'on vous per-
« sécutera, et que l'on dira contre vous mille men-
« songes à cause de moi. Alors réjouissez-vous ; car
« votre récompense est brillante dans les cieux. »
(S. Jean, xv, 20.)

Votre joie d'ailleurs ne nous surprend pas, nous
l'avons vue s'épanouir sur le visage des apôtres « lorsqu'ils s'en allaient radieux d'avoir été bafoués pour
le saint nom de Jésus : *Ibant gaudentes, quoniam
digni habiti sunt pro nomine Jesu contumeliam pati*
*(Act.,*v, 41.)

Votre amitié m'impose le périlleux honneur d'ouvrir
ce Triduum, pendant lequel des voix plus autorisées
se feront entendre, en célébrant l'éloge de saint Alphonse Rodriguez, religieux profès et frère coadjuteur temporel de votre illustre Compagnie ; j'aborde-
rai ce ministère avec plus de confiance, si vous

consentez à vous unir à tout ce peuple, pour adresser avec moi une fervente prière à Marie. *Ave Maria.*

I

« C'est dans sa foi et sa douceur que Dieu le sanc-
« tifia ; puis il l'élut entre tous. Il lui donna la
« loi qui disciplina sa vie, et il le glorifia en présence
« des rois... »

Cet éloge fut inspiré par l'Esprit divin, à la gloire impérissable du grand législateur des Hébreux, Moïse. Mais qui pourrait nous empêcher de l'appliquer à l'humble portier du couvent de Majorque? Aussi bien lorsque Dieu distingue une âme par sa vocation sainte, il la grandit jusqu'à lui, et si cette âme répond à l'élection divine, qu'importe aux yeux de l'Être infini qui créa avec le même amour le soleil qui luit au firmament et le ver qui rampe dans la boue ; qu'importe que l'on soit prophète chargé de gouverner un peuple, ou frère convers préposé à la porte d'un couvent ? Le mérite naît de la perfection à remplir l'emploi, bien plus que de l'emploi lui-même. Que ce texte sacré nous serve donc de fil conducteur, dans l'éloge de saint Rodriguez. « C'est dans sa foi, sa douceur, que Dieu l'a sanctifié puis l'a élu ». Ce sera la première partie de la vie de Rodriguez, la période de préparation. « Dieu lui donna la loi qui disciplina sa « vie et il le glorifia en présence des rois. » Ce sera la seconde partie de cet éloge du saint portier de Majorque.

« *In fide sanctum fecit illum.* » D'abord « c'est dans « la foi que Dieu le sanctifia. »

Nous sommes en Espagne, en l'an 1531, dans la province de la Vieille-Castille et à Ségovie qui, pendant longtemps, en fut la capitale. A cette époque l'Espagne était encore frémissante des victoires décisives remportées par les armées de Ferdinand et d'Isabelle, car après la délivrance de Grenade, les Maures avaient dû repasser pour toujours le détroit et la nation catholique, rendue à elle-même, chantait l'hymne de sa libération. Mais nulle part, plus que dans la Vieille-Castille, le triomphe de l'armée victorieuse n'avait été salué d'acclamations enthousiastes. C'était, en effet, dans ses montagnes inaccessibles que, pendant quatre siècles, s'étaient réfugiés les derniers débris de cette nation vaillante, écrasée sous le joug humiliant de l'Islam, là, que s'étaient préparés les vengeurs de la croix outragée et de la patrie captive. De loin, on apercevait Ségovie placée comme un nid d'aigle sur les hauts plateaux, avec sa ceinture d'épaisses murailles et son vieil Alcazar, dernier refuge des rois de Castille, à l'époque des grands deuils de la patrie. Dans une des rues commerçantes de la cité habitait un riche marchand, Diégo Rodriguez, marié depuis peu à une femme de grande vertu appelée Marie Gomez. Dieu bénissait visiblement ce foyer chrétien. Le commerce de Diégo prospérait d'année en année et il voyait croître autour de lui cette couronne des nombreux enfants, qui est la force des états et l'espérance de l'Église, car Maria Gomez donna à son époux onze enfants : sept garçons et quatre filles. Le 25 juillet de cette année 1531, le jour même de la fête de saint Jacques, patron des Espagnes, naissait le second fils, on lui donna le nom d'Alphonse **au** saint baptême. Né dans ce milieu si chrétien, Alphonse s'assimila les germes de la foi avec le lait maternel et la sainte épouse de Diégo s'étonnait elle-même des dispositions précoces de cet enfant, dont la raison naissait à peine. Bientôt Alphonse dut quitter les genoux de sa mère pour les bancs de l'école et, comme au sanctuaire de la famille, il trouvera dans l'enseignement de l'école, un solide aliment pour sa foi : *In fide sanctum fecit illum!*

Au XVe siècle, dans la Castille, l'Église était encore la maîtresse incontestée et à peu près exclusive de l'éducation des enfants. Les maîtres que l'on appelait régents, lui appartenaient pour la plupart. Ils étaient pourvus d'une prébende dite préceptoriale, qui leur était réservée sur les revenus des monastères, des chapitres et des églises du voisinage. Dès le matin, ils rassemblaient les écoliers pour la prière. Leur méthode pédagogique semblerait aujourd'hui bien arriérée, mais ils formaient des chrétiens pour la famille, de vaillants défenseurs pour la patrie. Que d'éducateurs réputés plus habiles ne pourraient invoquer en faveur de leur méthode d'aussi nobles résultats! Ces maîtres d'autrefois s'appliquaient volontiers à développer la mémoire des enfants. Après les premiers éléments de la lecture et de l'écriture, ils faisaient apprendre aux écoliers les plus beaux passages de la Bible et de l'évangile et ces dialogues naïfs sur la naissance ou la passion douloureuse du Sauveur, que chez nous on appela mystères, et dont le peuple écoutait le récit avec avidité, aux grands jours de fêtes. On y ajoutait des pieuses complaintes, sur les miracles de Notre-Dame del Pilar, cette madone tant aimée des Espagnols, et aussi sur les exploits du grand saint Jacques chevauchant à la tête des armées catholiques, son étendard brillant à la main. On n'avait garde d'oublier ces vieux romanceros espagnols, contenant les prouesses des paladins et des preux en Terre-Sainte, et les exploits du *Cid* chanté par notre Corneille, qui trempa si souvent son invincible épée dans le sang des Maures. Cette éducation, jointe au caractère naturellement fier et brave du Castillan, développait en lui une foi indomptable et des qualités éminentes pour la guerre. On le vit bien sur les champs de bataille.

Je trouve la trace de cette éducation catholique et chevaleresque dans un trait de la vie de notre Rodriguez. Il était tout jeune encore, six ou sept ans au plus, l'écolier, le front pensif et le cœur chagrin, vint un jour aux pieds de Marie, sa tendre mère, afin de lui conter sa peine. « O ma bonne mère, lui dit-il, il me semble bien que vous ne m'aimez pas comme je vous aime ! » La Vierge sourit à cet aveu naïf, de ce sourire de mère qui fait tant de bien, et s'inclinant : « Mon fils, dit-elle, oui, je t'aime, bien plus que tu ne peux le croire ! » O foi, qui transporte les montagnes, ne pourrais-tu mériter un sourire du ciel? Ah ! ce sourire de Marie, qui illumine le front de l'enfant, nous lé retrouverons sur le front pâli du vieillard, qu'il éclairera des splendeurs entrevues de la gloire de Dieu. *In fide sanctum fecit illum.*

L'écolier a douze ans, quinze ans peut-être, lorsque sa foi s'allume à un foyer plus ardent encore, qui fait rayonner à ses yeux, pour un instant, les perspectives lointaines de la vie religieuse.

On annonce, en effet, que deux religieux de la Compagnie de Jésus, récemment approuvée par l'Église, sont arrivés à Ségovie. Qui ne sait que, l'an 1521, un noble Castillan, compatriote de Rodriguez, jadis page à la cour de Ferdinand et d'Isabelle, blessé au siège de Pampelune, avait déposé ses armes de chevalier aux pieds de Marie; qu'à la suite de ces évènements, Ignace de Loyola, âgé de 40 ans, s'était fait simple étudiant à l'université de Paris, et qu'en 1534, ayant groupé autour de lui quelques disciples dont les noms appartiennent à l'histoire, ils avaient juré ensemble, à Montmartre, sur la montagne des martyrs, d'offrir leurs personnes à l'Église pour la servir et la défendre jusqu'à la mort; que Paul III avait agréé ces offres généreuses et autorisé la fondation de la milice nouvelle, sous le nom de Compagnie de Jésus. Or, c'était un essaim de cette ruche si active qui venait en Espagne se dévouer au salut des âmes. Selon la méthode de leur bienheureux Père, les religieux, avant de rien entreprendre, se retirèrent à la campagne pour se livrer aux exercices spirituels, et Dieu permit que le jeune Rodriguez fut appelé, avec son frère aîné, à leur rendre ses pieux offices.

L'adolescent se sentit profondément ému au spectacle de la paix intérieure de ces fidèles amis de Dieu, et recevant, à l'heure du départ, leur bénédiction, il leur demanda d'entrer dans la Compagnie. Non, mon fils, il n'en est pas temps encore, il te faudra gravir encore bien des calvaires avant d'atteindre ces hauts sommets ! Pour l'instant, Dieu se contente de ton désir, qu'il agrée ; de ta foi, qu'il bénit. « *In fide sanctum fecit illum.* »

Mais Rodriguez a grandi et Dieu va perfectionner son œuvre par l'épreuve, qui est la pierre de touche de sa sagesse et le gage de sa miséricorde envers ceux qu'il prépare pour de grands desseins, car voici l'heure douloureuse où il établira Rodriguez dans la douceur. *In lænitate sanctum fecit illum.*

Alphonse est envoyé par son père à l'Université d'Alcala. L'étudiant n'y est installé que depuis un an, lorsqu'une foudroyante nouvelle vient le surprendre au milieu de ses travaux. Son père est mort presque à l'improviste, la tristesse et le deuil ont envahi ce foyer naguère encore si vivant et si joyeux ; en même temps, une lettre de sa mère le rappelle à Ségovie et lui enjoint d'interrompre ses études, afin d'accourir en toute hâte partager avec elle le double souci de la maison de commerce et de l'éducation des plus jeunes enfants.

Alphonse jette un long regard d'adieu sur tous ses rêves d'avenir qui s'écroulent et, sans formuler une plainte, il quitte l'Université d'Alcala, pour s'adonner

à tous les soins vulgaires qu'impose le commerce. *In
ænitate sanctum fecit illum.*

Le meilleur des écoliers, à Alcala, il sera le modèle
des commerçants à Ségovie. Deux ans plus tard, la
pieuse Marie Gomez jugera qu'il importe à la prospérité commerciale de la maison de faire entrer Alphonse
dans le saint état du mariage, et, par un choix ratifié
de tous, elle jettera les yeux sur Maria Suarez, comme
sur l'épouse digne d'être associée à son fils. Bientôt
Dieu bénira cette union et il naîtra une fille, belle
comme sa mère, dans laquelle Maria Suarez fera revi-
vre ses vertus.

Cependant, le ciel jusque-là serein, se charge d'épais
nuages, dans cet intérieur dont chacun vante la sainteté. La maison de commerce traverse une crise re-
doutable. La découverte des grandes Indes avait jeté
une perturbation profonde dans l'équilibre commer-
cial de l'Espagne, et le contre-coup des catastrophes
se faisait sentir jusque dans les villes éloignées du
centre. D'ailleurs, Alphonse Rodriguez, si richement
doué pour la vie spirituelle, avait-il ces habiletés indispensables pour résoudre les difficultés de chaque
jour, inhérentes aux affaires? Cette décroissance de la
prospérité commerciale attristait la famille, qu'un
deuil inopiné vint plonger dans une amère tristesse.
L'enfant avait grandi, mais ce beau lis, entr'ouvrant
à peine sa blanche corolle, se pencha sur sa tige, et
l'Ange de la mort cueillit cette fleur, que Dieu dans
son amour trouva trop pure pour la laisser se flétrir
ici-bas. Tout Ségovie pleura cette belle et douce

apparition que le ciel reprenait à la terre. La douleur d'Alphonse fut navrante, mais les pères résistent mieux; quant à la mère infortunée, toutes les mères le comprendront, le coup l'avait blessée au cœur, elle devait en mourir.

Un autre enfant naquit, mais c'était l'enfant de la douleur, sa mère ne lui survécut pas et l'on vit une ville entière escorter l'infortuné Rodriguez, conduisant sa sainte épouse au tombeau et plusieurs, ignorant les secrets de Dieu, s'étonnaient des rigueurs dont il semblait user envers ses plus fidèles amis. Non, Dieu très sage et très bon établissait et perfectionnait son œuvre en l'éprouvant au feu de la fournaise : *In lænitate sanctum fecit illum.*

Loin de se laisser aller à la plainte, Rodriguez se jette aux pieds du crucifix et, sur la tombe même de ce modèle des épouses, il fait vœu de chasteté perpétuelle. Ce fut la réponse de son âme croyante aux révoltes de son cœur brisé. Puis il recueille les débris de sa fortune et va se réfugier dans un humble logis avec sa mère, deux sœurs en bas âge, et l'enfant au berceau, seul gage de tout son bonheur enfui. Bientôt cette modeste demeure est transformée en une sorte de communauté religieuse ; soutenu par son ardente prière, Rodriguez y retrouve la paix. Or, un soir que le père infortuné priait avec plus de ferveur sur le berceau de son fils souriant et endormi, saisi d'un saint respect en présence de cette âme si pure: O Dieu, s'écria-t-il, vous savez si cet enfant m'est cher, mais s'il devait souiller la candeur de son bap-

tême par un péché mortel, faites-le plutôt mourir !
Cette prière vous la connaissez, mes Frères, vous
l'avez recueillie sur les lèvres de cette noble Castillanne
qui nous donna saint Louis. Dieu, qui n'accepta pas
le sacrifice héroïque de Blanche de Castille, agréa
l'holocauste de Rodriguez, il envoya de nouveau son
ange qui descendit recueillir, avec le respect et
l'amour d'un frère, cette âme d'enfant, qu'aucun souffle impur n'avait ternie, et Alphonse contemplant au
milieu de ses larmes le berceau vide de son fils s'écria :
O Jésus, c'est vous-même qui avez brisé mes chaînes,
je vous offrirai le sacrifice de ma louange... *Dirupisti
vincula mea, tibi sacrificabo hostiam laudis. (Psalm.*
cxv, 16.)

Puis il alla se prosterner aux pieds de l'un des pères
de la Compagnie de Jésus ; il lui fit avec larmes la
confession générale de sa vie ; et reconnaissant le
doigt de Dieu dans ces épreuves soutenues avec tant de
douceur, celui-ci dirigea Alphonse Rodriguez vers le
noviciat de Valence. Sa foi et sa douceur l'avaient rendu
digne de l'appel divin. *In fide et lænitate ipsius sanctum fecit illum et elegit eum ex omni carne...*

Deux obstacles s'opposaient à l'entrée d'Alphonse
en religion : son âge, sa santé altérée et l'interruption
de ses études pendant vingt ans. En effet un homme
de quarante ans, brisé par la douleur, pourrait-il se
plier à toutes les exigences de la vie religieuse ? Au
surplus, dans un ordre essentiellement militant, faut-il
encombrer les rangs de recrues inutiles ? « Gardons-
nous, dit le Provincial de Catalogne, après qu'il eut

examiné Rodriguez, gardons-nous de priver notre Compagnie d'un saint. » On voit s'il fut prophète. L'humilité de Rodriguez résolut la seconde objection. Incapable de reprendre ses études interrompues, il demanda à être admis dans l'humble rang des frères coadjuteurs temporels. Vous voici donc arrivé au port après tant d'orages, ô mon saint Frère ! Ah ! vous n'avez cessé d'orienter votre barque du côté de Dieu, et laissant le bon plaisir divin en gonfler douce- ment la voile, vous avez été conduit par des chemins inconnus des hommes, mais prévus par lui, jusqu'à ces rives bénies de la vie religieuse. *In fide et lænitate ipsius sanctum fecit illum et elegit eum ex omni carne.* Il nous reste à admirer les merveilles de la grâce depuis cette vocation divine, si saintement préparée.

II

« *Dedit illi coram legem vitæ et disciplinæ et gloricavit eum in conspectu regum.* » Entré au noviciat en 1571, Alphonse Rodriguez fut envoyé à l'île Majorque où les Pères de la Compagnie possédaient un grand collège, il y fit ses premiers vœux en 1573, et selon le prudent usage de la Société, il ne fut admis à la profession solennelle que quinze ans plus tard, en 1585. Dès son arrivée à Majorque, on lui confia l'office de por- tier, qu'il exercera jusqu'à sa mort, qui arriva en 1617, c'est-à-dire pendant les 47 années de sa vie religieuse. Ah ! dans ces heures lumineuses du noviciat, où Dieu se manifeste plus complè- tement, quels rêves n'avait pas formé le frère

Alphonse ? En contact avec des religieux, qui chaque jour partaient pour les missions d'Amérique, n'avait-il pas caressé dans son ardente prière l'espérance des lointains apostolats ? Qui sait ? peut-être Dieu lui donnerait-il la faveur de le confesser en présence des hommes et la gloire enviée d'écrire avec son sang son humble nom au livre d'or des martyrs, près des noms plus illustres de ses frères immolés pour Jésus-Christ ? Non, il en sera tout autrement. Rodriguez demeurera pendant 47 ans simple portier de son couvent. Il devra borner ses horizons aux murs étroits de sa loge, et c'est sur ce champ de bataille de quatre mètres carrés, qu'il soutiendra les plus rudes combats et remportera des victoires signalées. Là, Satan le poursuivra sans trêve ; là les désolations de l'esprit et les révoltes de la chair l'assiègeront sans relâche ; là, Jésus le visitera pour l'assister de sa grâce, là Marie sa tendre Mère descendra pour le consoler ; là, Dieu multipliera la gloire en proportion des épreuves. Ce sera pour Alphonse le plus désolé des calvaires et le plus lumineux des Thabors. Ah ! c'est que bornés du côté de la terre les horizons sont infinis du côté du ciel et l'âme détachée des créatures y prend son libre essor !

Toutefois il nous serait difficile de vous expliquer, et vous-mêmes, mes Frères, moins familiarisés avec les merveilles de la vie intérieure, vous auriez peine à comprendre notre parole, si nous ne jetions un rapide coup d'œil sur cette règle qui disciplina la vie de saint Rodriguez et lui fit produire les fruits de salut que l'Église couronne aujourd'hui: « *Dedit illi coram legem vitæ et disciplinæ.* »

Ce fut un homme possédant la science de la vie spirituelle au plus haut degré que saint Ignace de Loyola, vraiment suscité de Dieu, dit Benoît XIV, pour rétablir l'esprit chrétien qui succombait sous l'effort de la renaissance païenne. Si Dieu dirige une âme inquiète vers ce guide expérimenté, Ignace l'environne des attentions extrêmes de la plus exquise charité, afin de gagner sa confiance, puis il l'isole, parce que le silence et la solitude sont les deux ailes mystérieuses à l'aide desquelles on s'élève vers Dieu, en se séparant du monde. Lorsque le silence s'est fait, ce maître habile interpelle directement son néophyte : « Qui es-tu, lui dit-il, néant perdu entre deux éternités? Tu n'étais pas hier; tu ne seras plus demain; d'où viens-tu? Où vas-tu? Tu n'es pas évidemment ton principe à toi-même. Donc tu viens de Dieu, ton premier principe. Tu es de Dieu, et Dieu ne pouvant avoir d'autre fin que lui-même, tu vas à lui. Mais si tu es de Dieu, si tu vas à Dieu, tu appartiens donc à Dieu! Tu n'appartiens ni aux passions, ni aux richesses, ni aux hommes, ni à toi-même. — Tu es à Dieu! Établis-toi, ô mon fils, dans cette pensée. »

Et quand la lumière s'est faite dans l'âme du néophyte, saint Ignace le prend par la main et lui dit : C'est bien, mon fils, franchissons un degré. Montons plus haut. *Excelsior!*

Vous êtes à Dieu et voici son drapeau, sur lequel est écrit : humilité, charité, chasteté. Cependant, en face, vous voyez un autre drapeau, sur lequel on lit : orgueil, richesse, volupté ! mots pleins d'illusions et en présence desquels toute chair tressaille. Pourtant il faut choisir, « car nul ne peut servir deux maîtres. (S. Luc, xvi, 13) : Dieu et l'argent, Jésus-Christ et Bélial ! Choisissez, ô mon fils, choisissez au plus vite et, rangé sous le drapeau divin, répudiez par la pénitence, tout pacte avec Satan.

Et quand le choix est fait, que l'âme purifiée s'est rétablie dans l'amour divin, alors le guide sacré prend de nouveau par la main le néophyte revêtu de la robe brillante de l'innocence : Venez, dit-il, venez, montons plus haut. *Excelsior !* Nous marchons vers la lumière.

Vois-tu, mon fils, ce firmament où l'ordre éclate, ces étoiles dociles, qui gravitent dans leurs orbites, ce mouvement immense et régulier de tous les mondes, ces lois qui gouvernent et conservent les choses créées, tout cela c'est l'œuvre de la sagesse infinie. Mais, quoi ! ce Dieu qui a fixé dans l'ordre général la place de tous les êtres aurait exclu de cette harmonie l'être libre, le chef-d'œuvre de ses mains ? Cherchons, ô mon fils, cherchons, car la voix de Dieu, suave et douce comme la brise du soir, s'insinue dans l'oreille de l'homme pour lui manifester ses secrets pleins de mystères. Lorsque ce travail, parfois douloureux, s'est accompli, alors l'âme subjuguée s'écrie : O Père, je le sens, Dieu m'inspire de saints désirs, de nobles projets, des dévouements dont l'héroïsme me transporte. Dieu me dit viens ! et me voici, car j'ai pesé les joies de la terre, elles m'ont paru insuffisantes. Allons plus haut sur les sommets de la perfection évangélique pour y trouver le ciel.. *Excelsior! Excelsior!!* »

A ces mots, le guide sacré serre le néophyte dans ses bras, l'embrasse. Marchons, dit-il, marchons ensemble à la conquête du ciel. *Excelsior! Excelsior!* Rangés sous le même drapeau, pour affronter les mêmes luttes, il nous faut une devise, un mot d'ordre, un cri de guerre en rapport avec notre esprit militant, car nous serons pour la cause de Dieu des soldats d'avant-garde. Humbles, dociles mais confiants dans sa charité, prenons la devise de Dieu lui-même. Il a tout fait pour sa gloire, c'est à sa gloire qu'il nous destine, donc tout à la plus grande gloire de Dieu : *Ad majorem Dei gloriam!*

Mais, ô Père, pour que cette devise ne soit pas vaine, comment saisir et procurer cette gloire, car Dieu c'est l'infini, l'insaisissable?

Regarde, ô mon fils, vois-tu ce crucifix, ces pieds et ces mains percés, ce cœur béant, c'est là le Dieu qui t'a aimé jusqu'à mourir pour toi : *Dilexit te tradidit semetipsum pro te. (Galat.,* ii, 20.) Eh bien ! nous l'aimerons aussi jusqu'à mourir, nous vivrons de sa vie, nous combattrons pour lui, nous opposerons notre poitrine à ses ennemis, afin que leurs traits empoisonnés passent par notre cœur avant d'arriver à son cœur, nous irons jusqu'à mêler notre humble nom à son nom béni! On dira Jésuite! en se moquant de nous, mais nous serons heureux de souffrir pour l'amour de Jésus crucifié! *Ibant gaudentes quoniam digni habiti sunt pro nomine Jesu contumeliam pati.* Nous aimerons ce que Jésus a aimé, sa mère l'auguste Marie, l'Église sa divine épouse, les âmes qu'il a rachetées par son sang, la croix, les persécutions, les mépris dont il a épuisé la coupe. Ah! mon fils, telle sera notre vie, tout pour la gloire de Dieu par le Sauveur Jésus!

Mais, ô mon fils, l'ange des ténèbres se transforme parfois pour les inexpérimentés, en ange de lumière. Il faut redouter les enthousiasmes qui mènent à l'illusion, les élans qui dépassent le but et les réactions de la nature contre l'esprit. Nous aurons besoin d'un modérateur, d'un frein, d'un contrôle pour chacun de nos actes? Quel sera-t-il? Jésus nous l'enseigne : « Il a été obéissant jusqu'à la mort : *Factus obediens usque ad mortem.* » (*Philipp.,* II, 8.) L'obéissance sera notre lien, notre force, notre consolation, par elle nous serons victorieux : *Propter quod et Deus exaltavit illum. (Philipp.,* II, 8.)

Ajoutez à ces grandes lignes, mes Frères, les observances indispensables à la vie en commun et les organes nécessaires au fonctionnement régulier d'un corps religieux et vous aurez ce moule puissant, parfaitement évangélique, totalement chrétien, dans lequel saint Ignace façonne les âmes de ses disciples, et si, comme il arriva pour Alphonse Rodriguez, elles sont absolument dociles, il en sort non seulement un religieux utile à l'Église, mais un saint digne de la gloire des cieux.

Que j'aimerais à suivre jour à jour ce travail admirable, par lequel Jésus-Christ se forme dans l'âme qui s'est vouée à son amour, mais l'énumération seule des vertus de notre Saint dépasserait toutes les limites assignées à cet éloge. Je veux seulement indiquer les résultats plus généraux et glaner quelques épis dans cette riche gerbe, cueillir quelques fleurs dans ce parterre, pour les déposer aux pieds de ce héros de l'humilité, de l'obéissance, du silence et de l'esprit intérieur. Méditations prolongées, zèle ardent pour la gloire de Dieu, amour de Jésus-Christ, de l'Auguste Marie, de l'Église et des âmes, fidélité aux observances régulières, pratique quotidienne de l'obéissance, voilà le religieux de la Compagnie de Jésus, selon l'esprit de son institution. Or, apprenons par quelques traits, ce que ces éléments de sanctification produisirent chez l'illustre frère portier de Majorque.

L'oraison d'abord. Savez-vous que ce petit frère, qui du matin au soir, se fatigue au labeur de son emploi domestique, est devenu par la puissance de son oraison, un homme de science profonde. Il y a dix ans qu'il a fait profession, son confesseur s'aperçoit qu'il est favorisé de grâces singulières et, selon l'usage de la Compagnie, afin de prévenir les illusions, il reçoit l'ordre de mettre par écrit chacune de ses méditations. Le frère se soumet sans mot dire à cette humiliation qui le contriste. Plus tard ses écrits conservés avec soin passeront sous les yeux des plus habiles théologiens de la Compagnie qui les liront avec admiration, et le grand Suarez, qui les lira à son tour, déposera cette plume d'or, dit Bossuet, avec laquelle il écrivit ses chefs-d'œuvre et s'écriera en présence de ses disciples : « que saint Thomas disait vrai, en préférant la science puisée aux pieds du crucifix à celle qui s'acquiert à l'école des plus grands maitres ».

Ce portier si modeste qui voit Dieu en toute chose, est maintenant l'homme des grands conseils. Un jour un Provincial de l'Ordre, en visite à Majorque, rentre au collège le front soucieux et l'âme désolée. Les nouvelles du dehors sont mauvaises, et d'ailleurs est-on jamais sans souci lorsqu'on a la charge de commander aux autres ? En franchissant le seuil, le Supérieur rencontre cette figure apaisée, ce front serein du pieux portier, puis attiré par un charme puissant, il entre dans la loge : « Mon frère, dit-il, quel est votre secret, pour vous maintenir en possession de cette joie inaltérable qui m'étonne ? Mon père, reprend Rodriguez, est-ce à vous de me le demander, à moi de vous le dire ? Dites toujours... Et lui très obéissant :. « Mon père, dit-il, quand j'ai des peines, et il en ressentait de continuelles et de cuisantes : peines d'esprit, souffrances du corps, tentations de tout genre, j'ai soin d'abord de jeter mon souci sur Dieu, comme il l'a dit : « *Jacta super Dominum curam tuam* (*Psalm.* LIV, 23), puis, je fais une demi-heure d'oraison. Au sortir, si la paix n'est pas venue je châtie mon corps, car c'est de lui que vient la révolte contre l'esprit, et si le mal persévère je cours au tabernacle et je dis au Sauveur : « Jésus, je souffre et je viens à vous qui êtes le consolateur : « *Venite ad me qui laboratis.* (S. Matth., XI, 28.)

Après cela, j'ai toujours retrouvé la paix. C'est bien, mon frère, allez à la chapelle et priez pour moi. Bientôt le Supérieur assemblait sa communauté et disait : « Mes Pères, rendons grâce à Dieu, il y a un saint parmi nous ».

S'agissait-il de la gloire de Dieu, le cœur de Rodriguez s'enflammait et il travaillait à la procurer sans relâche, il la voulait surtout entière dans l'âme de ses frères.

Un jour, un religieux fort considéré dans la Compagnie, théologien distingué et prédicateur de grand talent, fut désigné pour un des ministères les plus honorables. Au départ, il s'arrête à la loge du frère, on aimait à rencontrer cet humble, qui se mettait si joyeusement au service de tous. « Mon frère, dit le religieux au portier, une pensée douloureuse m'étreint le cœur, je prêche avec succès, les multitudes accourent, on applaudit, mais je ne constate aucune conversion? Tant de succès, suivis de tant de stérilité, me frappent de terreur.

— O mon père, reprend l'homme de Dieu, laissez-moi vous le dire à genoux : Avez-vous bien médité notre devise : *Ad majorem Dei gloriam.* Dieu, qui occupe en vous la première place, vous veut sans partage, et vous pensez encore à vous-même. Pour moi, laissant là ces grands ministères, j'irais demander aux supérieurs de me réfugier pour un temps dans la retraite, et j'écouterais la voix de Dieu dans le silence et la prière.

Le religieux avait assez de vertu pour goûter ce

rude conseil. Après deux mois d'exercices spirituels, il sollicitait l'honneur de se dévouer aux missions apostoliques, il y convertit des milliers d'infidèles et mourut de la mort des saints.

Mais quand Dieu était offensé, le saint portier se consumait de douleur et son amour lui dictait les meilleures résolutions. Il arriva à Majorque qu'une de ces querelles de famille, si fréquentes au xvie siècle, s'envenima au point d'ensanglanter la ville. A bout de ressources, le vice-roi vint au collège chercher un bon avis. Déjà les hallebardes des soldats retentissent sur le pavé, la litière du vice-roi est à la porte et chacun accourt lui rendre hommage. L'humble portier confus se tient au dernier rang ; c'est à lui cependant que l'on a affaire. Le vice-roi entre dans la loge, devenue pour un instant la salle d'audience royale, et sollicite les avis du saint Frère. « Excellence, dit-il avec force, il s'agit ici de la gloire de Dieu qui est offensé et qu'il faut apaiser. Pour moi, je choisirais un homme de Dieu qui traiterait cette affaire. — Mais où trouver l'orateur assez habile ? — Ce n'est pas un homme habile mais un saint qui règlera cette querelle. Tenez, il y a là un religieux de petite mine, peu considéré, mais il a l'esprit de Dieu. Demandez qu'on lui confie ce ministère. » On suivit le conseil de Rodriguez et à quelques jours de là on chantait un *Te Deum* d'actions de grâces, Rodriguez n'y était pas, mais c'était à lui que remontait la gloire de l'entreprise.

Faut-il parler de son amour pour Notre Seigneur Jésus-Christ ? Les témoins, après sa mort, ont déposé ce trait que je recueille parmi tant d'autres. Lorsque le Frère Rodriguez revenait de la Table sainte, sa face était illuminée, comme le visage de Moïse, descendant du Sinaï. Le respect tenait les Frères à distance et il se formait autour de lui comme une couronne d'honneur, tant on vénérait ce ciboire vivant, à travers lequel on contemplait le Sauveur dans sa radieuse majesté. Si les préoccupations de son humilité n'enchaînaient pas sa pensée, on le voyait tomber en extase, s'élever de terre tout ravi, dans la contemplation de son bien-aimé Sauveur.

Quelle tendresse n'avait-il pas pour Marie, cette Mère attentive qui l'avait assuré de son amour, quand il était écolier à Ségovie. J'en citerai un seul trait.

Non loin de Majorque se trouve un illustre sanctuaire de Marie, où les Pères se rendaient parfois, pour célébrer la Messe, et Rodriguez les accompagnait dans ce pieux pèlerinage. Un jour, un jeune religieux oubliant le grand âge de son saint compagnon, occupé qu'il était à la récitation de son Office, laissa bien loin sur la route l'humble vieillard. Celui-ci, le front baigné de sueur, s'acheminait de son mieux vers le pieux rendez-vous, lorsqu'au détour du chemin, il rencontre une image de Marie. Rodriguez se prosterne et l'on vit, ô ravissante tendresse d'une mère, on vit la Reine du ciel s'incliner et éponger la sueur qui inondait le visage de son fils bien-aimé. Pourquoi s'étonner ? La Vierge ne peut-elle essuyer le front d'un frère portier qui la prie, lorsque Dieu lui-même a promis de sécher les larmes de tous les petits qui auraient recours à sa bonté. *Absterget Deus omnem lacrymam ab oculis eorum.* (*Apoc.,* VII, 1.) En tout cas ce trait parut si touchant au grand pontife Léon XII, qu'il le fit représenter par un artiste de talent dont l'œuvre orne aujourd'hui les galeries vaticanes.

Je m'arrache à ces récits, car pour être complet je devrais parler de la fidélité de Rodriguez aux observances, de son obéissance simple et parfois naïve, de son humilité, de son abnégation, de son amour des souffrances, de toutes ces vertus cachées mieux comprises et plus appréciées, peut-être, par ceux qui vivent dans le cloître que par les gens du monde ; mais il est temps de finir, l'heure m'impose l'obligation d'arriver promptement au terme. Rodriguez a 87 ans, les années amoncelées sur les épaules de ce vaillant soldat, l'écrasent de leur poids trop lourd pour sa faiblesse. L'obéissance le relève de son emploi, il quitte, non sans regret, l'humble loge où tant de fois Dieu l'a visité, pour la cellule où il traînera sa longue agonie. La gloire commence pour ce martyr de l'amour divin. *Et glorificavit eum in conspectu regum.*

Vraiment cette humble couche, où Rodriguez se consume de douleur, est devenue une chaire d'où s'épanchent les flots de la plus persuasive éloquence.

Un jour, un scholastique de la Compagnie de Jésus, à l'œil ardent, à la mine ascétique, au geste contenu, brûlant de s'immoler pour Dieu, mais cherchant le mode d'immolation, viendra réclamer un peu de lumière près de ce moribond, et le vieillard se sentira pressé d'un tendre amour pour l'adolescent. La charité de Jésus-Christ l'inspire : « Mon fils, lui dira-t-il, vous êtes l'objet d'une miséricorde infinie de la part de Dieu. Au-delà des mers, je vois des âmes rachetées du sang de Jésus-Christ, qui vous appellent, allez vite réclamer pour vous cet héritage dédaigné. Demandez d'être envoyé à Carthagène, c'est la dernière des missions, et là vous solliciterez le dernier des ministères, celui des Nègres opprimés et avilis par l'esclavage ; vous vous y livrerez jusqu'au dernier souffle de votre vie ». Pierre Claver reçut cette parole comme venant de Dieu, et voici que les gloires du même Triduum exaltent le portier de Majorque et le missionnaire admiré des nègres de Carthagène. Mais, ne l'oublions pas, c'est dans l'humble cellule de Majorque que s'alluma le feu dévorant qui consuma le grand cœur de Claver et suscita des dévouements, auxquels le monde, à un point de vue purement humanitaire, ne saurait refuser sa louange.

Cet humble grabat n'est pas seulement une chaire, c'est un autel, où la sainte victime immolée se consume lentement sous le feu de la douleur. Encore quelques jours, et ce sera un trône, d'où l'élu de Dieu s'élancera vers les cieux. Car les jours sont accomplis. Le voici fortifié par les secours de l'Église, sa mère, consolé par la charité affectueuse de ses frères, son visage resplendit des clartés de Dieu, et il exhale son âme en prononçant le saint nom de Jésus...

Ah ! partez pour les demeures éternelles, âme sainte, allez jouir de la gloire dont le Seigneur couronne les fronts humiliés. *Et glorificabo eum in conspectu regum.*

La gloire des hommes finit à la tombe, c'est là que commence la gloire des saints.

La nouvelle de la mort d'Alphonse Rodriguez excite une admiration, des manifestations populaires dont il faut songer à modérer les excès. On organise de pompeuses funérailles, où le vice-roi lui-même s'empresse d'assister. Bientôt, ses frères doivent, par une inhumation anticipée, soustraire sa sainte dépouille aux empressements indiscrets, à la dévotion trop expansive des multitudes. Mais Dieu fait germer la vie sur ce tombeau, le miracle succède au miracle, et la couronne d'Espagne prend elle-même l'initiative des suppliques adressées à l'Église pour obtenir l'examen des vertus héroïques de l'humble portier.

Après les délais sagement édictés, afin de prévenir les enthousiasmes irréfléchis, le pape Léon XII, en 1825, procéda au jugement de la béatification. C'était le premier gage de son amour, que le Saint-Siège donnait à la Compagnie de Jésus, rétablie par Pie VII, de si douce mémoire. Les fêtes furent célébrées avec un grand éclat, en présence des ambassadeurs de tous les rois. *Glorificavit eum in conspectu regum.* Enfin, le 15 janvier 1888, S. S. Léon XIII, glorieusement régnant, plaça sur les autels, en présence du monde assemblé pour son jubilé sacerdotal, cet humilié, maintenant couvert de gloire. *Humiliamini in conspectu Domini et ipse glorificabit vos!*

Mes Frères, en terminant cet éloge, un rapprochement historique se présente à mon esprit.

La vie de Rodriguez, commencée sous le règne de Charles-Quint, se continua sous le règne de son fils, le puissant et redouté Philippe II, celui dont on a dit « que le soleil ne se couchait pas sur ses états ». Le roi et le portier se suivirent d'assez près dans la tombe.

Or, Philippe II, au faîte de la gloire, s'était fait construire un tombeau digne de celui que ses courtisans nommaient « le maître du monde ». Mais, ô ironie des vains projets de la sagesse des hommes! lorsque cette montagne de marbre et d'or, appelée l'Escurial, fut prête à abriter l'hôte royal, pour la gloire duquel on avait entassé tant de richesses, Philippe II, dit-on, se ravisa. Pénétré du néant des gloires mondaines, vieux, infirme, dégoûté des flatteurs, il se fit ensevelir dans un coin ignoré. Le silence se fit promptement sur sa tombe, car il n'était pas aimé, et quand on montre au voyageur le marbre de ce puissant, en lui disant : c'est là! l'étranger, s'il est chrétien, se dit en lui-même : Celui-là n'était qu'un homme, cendre et poussière, comme les autres : « *Et omnes homines terra et cinis.* » (*Eccles.*, XVII, 31.)

Près de trois siècles ont passé sur la tombe du dernier des sujets de Philippe II, le très humble frère portier de Majorque, et voici que les multitudes ne cessent d'être empressées à honorer sa dépouille, tandis que son nom monte toujours dans la gloire. Aujourd'hui, elles acclament les décisions infaillibles de l'Église, qui placent saint Rodriguez sur les autels, demain, jusqu'à la fin, les foules renouvelées ne se fatigueront pas de lui apporter le tribut de leur admiration et l'hommage de leur prière !

Ah ! c'est qu'ici nous ne sommes pas en présence de la gloire éphémère d'un homme, mais nous nous inclinons devant la gloire impérissable d'un saint.

O Rodriguez ! vous à qui la terre parut vile et peu digne de fixer l'amour d'un grand cœur, parce que vous regardiez le ciel ! Daignez recevoir l'ardente prière de cette multitude qui vous crie : Saint Rodriguez, priez pour nous. *Amen.*

Bourges. — Imp. Tardy-Pigelet.

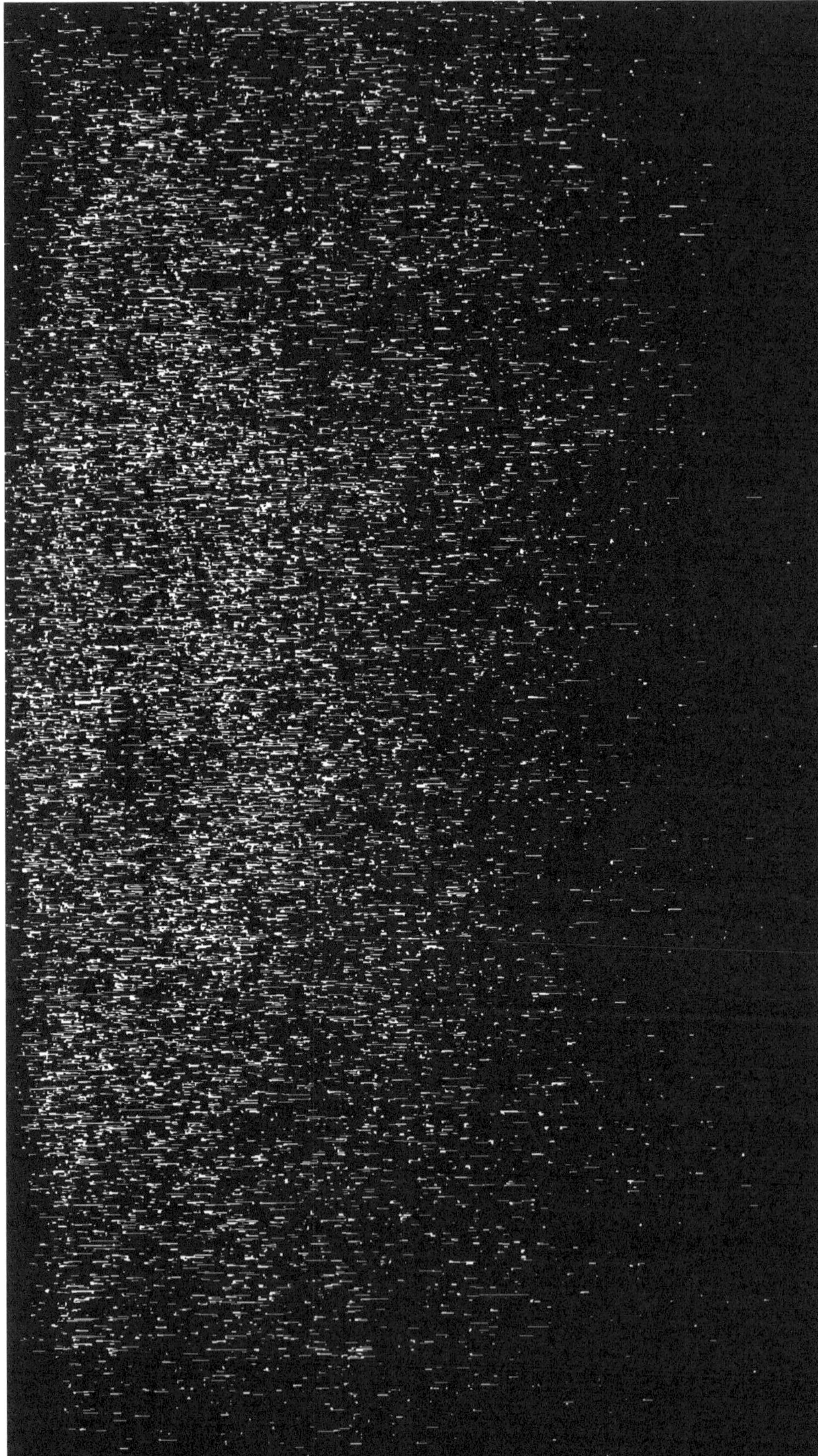

www.ingramcontent.com/pod-product-compliance
Lightning Source LLC
Chambersburg PA
CBHW061118050726
47594CB00005B/1995